AF479340

Benedikt Leonhardt   LUX   LVZ-Kunstpreis 2017

VERLAG FÜR MODERNE KUNST

BL LUX

Benedikt Leonhardt	Untitled	(TR/MD-AZB-CT)	2017
		(WF-QV/I-G-2)	
		(MD-MD-VD)	
		(MD-VD-RR)	
		(PR-MD-PR/VRD)	
		(RR/M-I/IH)	
		(WF-G-AB)	
		(VD/MR-G-SL)	
		(WF-AB-PG/I)	
		(FT-I-QV/QM-NM-3)	
		(CO/CYD-MD-W)	
		(VR/M-W-O-MRE)	
		(VR-ZW/TW-O-MRE)	
		(FT-I-QV/QM-NM-2)	
		(FT-I-QV/QM-NM-1)	
		(M-LY-CT-ACK)	
		(WF-QV/I-G-1)	
		(TW-TV-PG)	
		(TW-B/I-R-NYL)	
		(MD/VD-EG-CO-2)	2016
		(R-S-O-3)	
		(WF-B-QM/V-4)	
		(MD/VD-EG-CO-1)	
		(WF-BO-V/PG)	
		(W-MD)	
		(CRL-M-M-U-2)	
		(CRL-M-M-U-1)	
		(R-S-O-1)	
		(WF-PG/MD-CO-2)	
		(WF-B-QM/V-2)	2015
		(WF-B-QM/V-1)	
		(MP-O-PG-MD)	

Inhalt / Content

BL   LUX

Björn Steigert und Alfred Weidinger über den LVZ-Kunstpreis

Interview: Jürgen Kleindienst

JK: Herr Weidinger, Sie sind ziemlich neu in Leipzig und sicher noch dabei, für sich die künstlerische DNA dieser Stadt zu entschlüsseln. Benedikt Leonhardt sagt, er stelle sich keineswegs bewusst gegen den gegenständlichen Hauptstrom der Malerei Leipzigs. Aber seine Kunst steht doch abseits von ihm. Wie finden Sie das?

AW: Ich war sehr froh, als ich mitbekam, dass Benedikt Leonhardt diesen Preis bekommt. Die gegenständliche Malerei spielt in dieser Stadt eine extrem große Rolle. Sie braucht eine gegenteilige Position, einen Gegenpol. Und auch wenn er das nicht bewusst macht, so ist es doch ein klares Zeichen vom Künstler, aber auch von der Leipziger Volkszeitung und der Jury. Das finde ich sehr spannend. Und mich hat gefreut, dass er so ein junger Kerl ist.

JK: Zu Ihrem Programm gehört, dass Sie das Museum mehr für zeitgenössische Kunst öffnen wollen. Warum ist Ihnen das so wichtig?

AW: Unentwegt höre ich, dass wir über bürgerliche Sammlungen verfügen. Aber die Bürger von damals waren Avantgardisten, die zeitgenössische Kunst sammelten. Das waren coole Typen, die eine großartige Sammlung zusammengetragen haben. Und das, was sie kauften, war damals genauso spektakulär wie das, was heute Benedikt Leonhardt macht.

JK: Herr Steigert, wie wirkt das auf Sie, was der Künstler macht?

BS: Man braucht Raum und Zeit, um in diese Kunst einzutauchen und Ruhe zu finden in den Bildern – auch wenn sie durchaus Bewegungen enthalten. Ich finde, die Kunst von Leonhardt bildet einen Gegenpol zu dieser hektischen Zeit.

JK: Herr Weidinger, leuchten Sie für uns doch bitte mal ein bisschen in diese auch im wahrsten Sinne des Wortes vielschichtige Kunst.

AW: Benedikt Leonhardt ist, und damit sind wir wieder bei der DNA dieser Stadt, ein großartiger Maler; seine Kunst ist technisch sehr ausgefeilt und hochraffiniert. Er weiß ganz genau, was er tut, wenn er seine unzähligen Schichten übereinander legt. Mir gefällt auch das fotografische Element, das bei ihm in der Produktion eine große Rolle spielt. Es sind ja zumeist digitale Bilder, die bei ihm einen Impuls auslösen. Und bei Leonhardt hat es die Anmutung von chemischen Reaktionen, die da statt-

Björn Steigert and Alfred Weidinger on the LVZ Art Prize

Interview: Jürgen Kleindienst

JK: Mr. Weidinger, you are quite new to Leipzig and probably still decoding the city's artistic DNA. Benedikt Leonhardt says that he is by no means consciously opposing the main current of figurative painting in Leipzig. And yet, his art stands decidedly outside that current. What is your take on this?

AW: I was very happy to hear that Benedikt Leonhardt has won the prize. Figurative painting plays an enormous role in this city. That's why it needs a contrary position, an opposite pole. And even if he doesn't do it consciously, it's still a clear sign from the artist, and from the Leipziger Volkszeitung and the jury. I find that quite exciting. And I'm also happy that he's so very young.

JK: Part of your program is that you want to open up the museum more for contemporary art. Why is that so important to you?

AW: I am constantly hearing that our holdings come from bourgeois art collections. But the bourgeoisie of the time were avantgardists collecting contemporary art. They were cool guys who put together an outstanding collection. And the things they purchased were just as spectacular at the time as what Benedikt Leonhardt is doing today.

JK: Mr. Steigert, what kind of an effect does his art have on you?

BS: You need space and time to immerse yourself in this art and to find peace in the images, even if they do contain movement. I think Leonhardt's art represents a counter-pole to our hectic times.

JK: Mr. Weidinger, could you cast some light on this multi-layered art in the truest sense of the word?

AW: Benedikt Leonhardt is—and now we are getting back to the DNA of the city—a superb painter: his art is technically very sophisticated and highly refined. He knows exactly what he is doing when he places countless layers on top of one another. I like the photographic element that plays an important role in his artistic production. The images that inspire him are usually digital. And in Leonhardt, there's the feel of chemical reactions taking place. But it's not about a principle of chance, like a Polaroid that doesn't turn out right, but something quite intentional. He enriches painting by adding another dimension.

finden. Hier ist es allerdings nicht ein Zufallsprinzip wie bei einem Polaroid, das nicht funktioniert hat, sondern beabsichtigt. Er bereichert die Malerei um eine weitere Dimension.

JK: Herr Steigert, wie würden Sie so ein Bild auf der Titelseite einer Tageszeitung finden?

BS: Sehr gut. Bilder sind Nachrichten, auch wenn sie keine klassischen Nachrichten enthalten. Und das wäre ein schönes Zeichen, eine schöne Nachricht, die man in die Welt sendet: mal innehalten.

JK: Wie sind Sie dem Thema Kunstpreis begegnet, als Sie hier anfingen?

BS: Ich kam schon ein paar Jahre vorher in Kontakt mit dem Kunstpreis, einfach, weil immer wieder deutschlandweit darüber berichtet wurde. Es war eins der Themen, mit denen ich mich im Vorfeld genauer beschäftigt habe. Ich finde, das ist ein sehr sympathischer Gestus, mit dem man sich umgibt, der ja auch gefühlt unumstößlich ist.

JK: Was heißt „gefühlt unumstößlich"?

BS: Was vor über zwanzig Jahren mal eine sehr gute Idee zum 100. Geburtstag der Leipziger Volkszeitung war – und seitdem erfolgreich fortgeführt wurde –, muss nicht jedes Jahr in Frage gestellt werden. Ich freue mich auf den 13., den 14. und den 15. Preis.

JK: Wie wirkt der Kunstpreis nach innen, im Verlagsgebäude?

BS: Seine Bedeutung bemerkt man erst so richtig, wenn man die Sammlung sieht, die sich über die Jahre aufgebaut hat, mit der sich die Mitarbeiter umgeben, wie sie das leben. Kunst macht mit jedem etwas. Es ist ein Unterschied, ob Sie mit einem Kunstdruck oder mit einem Original leben und arbeiten. Natürlich ergeben sich daraus auch Gespräche. Wir können in einer kleinen Führung mal eben die Geschichte des Kunstpreises seit 1995 erzählen. Die im ganzen Haus platzierten Werke sind uns zu Begleitern geworden.

JK: Herr Weidinger, Sie haben, lax formuliert, den Klinger im Museum ein bisschen umgeräumt. Der Saal, den bis vor kurzem noch dessen *Christus im Olymp* dominierte, ist nun erstmals Teil der Kunstpreisträger-Ausstellung. Warum sind Sie diesen Schritt gegangen?

AW: Bisher hatten beide verloren: Max Klinger und der Raum. Jetzt haben wir eine win-win-Situation – auch für Benedikt Leonhardt. Man kam am *Christus im Olymp* vorbei, der den Raum vollgedröhnt hat, und ging in die eher dunklen Kabinette, so dass man sich fast in einer unbehaglichen Gruft wähnte. Das ist natürlich für lichtempfindliche Grafik gut, aber für einen wie Benedikt Leonhardt, dessen Kunst vom Licht lebt, nicht. Ich glaube, dieser neue Raum ist für uns alle eine große Bereicherung.

JK: Herr Steigert, haben Sie schon ein Bild von Benedikt Leonhardt im Auge, das die LVZ ankaufen könnte?

BS: Ich möchte mich von der Ausstellung überraschen lassen. Es muss wirklich passen, auch vom Format her. Und vielleicht müssen wir dafür auch bei uns im Haus ein bisschen umräumen.

JK: Mr. Steigert, how would you feel about an image like this on the first page of a newspaper?

BS: That would be wonderful. Pictures are news, even if they do not contain classical news events. And that would be a nice gesture, a lovely message to send into the world: take pause.

JK: How did you first encounter the subject of the art prize as you got started at the newspaper?

BS: I came into contact with the art prize a few years before, because there was always nationwide reporting about it. It was something that I looked at more closely beforehand. I think there's quite a sympathetic gesture at issue here that feels almost irrevocable.

JK: What do you mean by "almost irrevocable"?

BS: If it was a great idea twenty years ago to mark the 100th birthday of the Leipziger Volkszeitung, and has continued to be successful ever since then, it need not be questioned every year anew. I look forward to the 13th, 14th and 15th prize.

JK: What kind of internal effect does the art prize have, inside the newspaper building?

BS: To truly grasp its importance, you need to look at the collection that has developed over the years, with which the employees surround themselves, how they live with the art. Art does something to all of us. It's quite a difference whether you live and work with an art print or with an original. Of course, this results in conversations. We could take a small tour through the history of the art prize since 1995. The works arranged around the building have become true companions.

JK: Mr. Weidinger, to put it mildly, you've rearranged the Klinger at the museum. The hall that was once dominated by his *Christ on Olympus* is now for the first time part of the art prize exhibition. Why did you take this step?

AW: Until now, the situation was detrimental to both, Max Klinger and the room. Now we have a win-win situation, for Benedikt Leonhardt as well. Previously, one walked past *Christ on Olympus*, which drowned out the entire space, and then moved into a dark cabinet that felt like being in an uncomfortable tomb. That's wonderful for light-sensitive prints and drawings, but not for an artist like Benedikt Leonhardt, whose art lives from light. I think this new space is a great gain for all of us.

JK: Mr. Steigert, do you already have a particular painting by Benedikt Leonhardt in mind that the Leipziger Volkszeitung could purchase?

BS: I want to let the exhibition surprise me. It really has to be a perfect fit, in terms of format as well. Or maybe we'll have to rearrange things at our building as well.

Björn Steigert, Geschäftsführer /
Executive Director, Leipziger Verlags- und
Druckereigesellschaft mbH & Co. KG

Jürgen Kleindienst, Redakteur / Editor,
Leipziger Volkszeitung

Alfred Weidinger, Direktor / Director,
Museum der bildenden Künste Leipzig

En face: Malerei als Selbst-Begegnung

Text: Christina Natlacen

[K]ein Auge ist rein, kein Blick ist leer,
nichts wird so gesehen, wie es an sich ist.

Karl Ove Knausgård, *Lieben*

Die französische Bezeichnung ‚en face' ist als kunsthistorischer Fachausdruck für die Vorderansicht des Gesichts in der Porträtdarstellung bekannt. Buchstäblich genommen bedeuten die beiden Wörter einen Anblick ‚von vorne', wobei die Referenz auf das menschliche Gesicht (lateinisch ‚facies') wichtig ist. Unter einer en face-Ansicht eines Porträts ist ein frontales Gesicht zu verstehen, ein Gesicht, das sich bildparallel auf der Leinwand zeigt. Der Betrachter oder die Betrachterin wird bei einer solchen Ansicht direkt konfrontiert, denn diesen Bildnissen haftet durch den gerade aus dem Bild heraus gerichteten Blick etwas Unausweichliches an.

Dieses Moment der Unausweichlichkeit kommt bei dem Dispositiv des en face auch noch auf einer anderen Ebene zum Tragen, und zwar jener des Selbst. In der Geschichte der Malerei ist nämlich einer der beiden Gründungsmythen des Mediums mit der en face-Darstellung ursächlich verbunden.[1] Es ist die Rede vom Mythos des Narziss, jenes Sohnes eines Flussgottes und einer Nymphe, der sich in sein im Wasser eines Teiches gespiegeltes Ebenbild verliebt ohne zu wissen, dass es sich um ihn selbst handelt. Durch die Nähe zur Wasseroberfläche, die erst das täuschend ähnliche Spiegelbild ermöglicht, wird ein intimes Verhältnis hergestellt. Dieses ist ein Verhältnis der Selbstdarstellung und auch der potenziell möglichen Selbsterkenntnis, denn ein Spiegel ermöglicht vorrangig den Blick auf sich selbst.

Die Kategorie des en face ist ebenso im konkreten und übertragenen Sinn wesentlich für die Werke von Benedikt Leonhardt. Seine abstrakten Gemälde, in denen der Künstler auf immer wieder neue und faszinierende Weise Farbmomente zum Pulsieren bringt, fordern eine direkte, frontale Betrachtung geradezu heraus. Alle im Hochformat gehalten, bieten sie sich den Besuchern und Besucherinnen im Ausstellungsraum als Gegenüber dar, welche die aufrechte Haltung des stehenden Subjekts aufnehmen und diesem einen Spiegel verschiedener Farbwerte vorhalten. Die Bilder übertragen damit die räumliche Anordnung, welche zwischen dem Künstler und der Leinwand während des Malakts bestanden hat, auf die Situation während der Rezeption.

Leonhardts Gemälden sind überdies auf einer anderen Ebene Spuren eines en face-Verhältnisses eingeschrieben. Um diese Ebene verstehen zu können, heißt

En face: Painting as Self-Encounter

Text: Christina Natlacen

No eye is uncontaminated, no gaze is blank,
nothing is seen the way it is.

Karl Ove Knausgård, *A Man in Love*

The French term *en face* is used in art history for a frontal view of a face, a face that shows itself parallel to the canvas itself. The beholder is directly confronted by such a view, for these portraits have something inescapable about them resulting from the gaze directly out of the image.

In the *en face* arrangement, this moment of inescapability is compounded on another layer, that of the self. In the history of painting, one of the founding myths of the medium is causally linked to the *en face* representation.[1] I am referring to the myth of Narcissus, the son of a river god and a nymph who falls in love with his own image reflected in the water of a pond without knowing that it is his own image. Due to the proximity to the water surface, allowing a deceptively similar mirror image to be created, an intimate relationship results. This is the relationship to self-representation and possible self-awareness, for the mirror primarily serves to allow a view of the self.

The category *en face* is key to the works of Benedikt Leonhardt in both a concrete and a metaphorical sense. His abstract paintings, in which the artist brings moments of color to vibrate in ever new and fascinating ways, veritably challenge the direct, frontal gaze. All done in a tall vertical format, they present themselves to the visitors in the exhibition space as their vis-à-vis, taking up the upright posture of the standing subject and reflecting back various shades of color like a mirror. The images thus transfer the spatial arrangement that existed between the artist and the canvas during the act of painting to the situation during reception.

Traces of an *en face* relationship are also inscribed on Leonhardt's paintings on another level. To understand this level, we need to go back a step in their process of emergence before the actual act of painting itself. For while his images present themselves as abstract surfaces, they are by no means without reference. They can be traced back to prior images, images that indeed showed something figurative. The pictures at the base of these paintings are photographs, in terms of visual studies the images that are purportedly closest to reality. The photographic models that represent the first step toward the act of the picture are pictures from our everyday digital present. They all come from mobile phone and computer displays, individual static moments torn from the constant flow of images in our society. These images

es im Entstehungsprozess noch einen Schritt vor den eigentlichen Akt des Malens zurückzugehen. Denn seine Bilder stellen sich als abstrakte Oberflächen dar, sind aber keineswegs referenzlos. Sie gehen auf Vor-Bilder zurück, auf Bilder, die einmal sehr wohl etwas Gegenständliches gezeigt haben. Bei diesen den Gemälden zugrunde liegenden Bildern handelt es sich um Fotografien, bildwissenschaftlich betrachtet also um jene Bilder, von denen behauptet wird, dass sie am nächsten an der Wirklichkeit angesiedelt sind. Die fotografischen Vorlagen, die den ersten Schritt Richtung Bildakt darstellen, sind Bilder der alltäglichen digitalen Gegenwart: Sie stammen allesamt von Handy- und Computerdisplays. Es sind einzelne statische Momente, die dem ständigen Bilderfluss unserer Gesellschaft entrissen sind. Diese Bilder beinhalten ein außergewöhnliches ästhetisches Moment – oft nur ein Detail im Bild, eine Farbkombination oder eine andere formale Besonderheit –, das den Künstler interessiert und von dem ausgehend er seine großformatigen Kompositionen anlegt.

Die Konfrontation mit den digitalen Bildern gestaltet sich einmal mehr als en face-Begegnung. Das Display des Smartphones oder der aufgeklappte Bildschirm des Laptops sind Oberflächen, die auf eine frontale Betrachtung ausgelegt sind. Der Blick des Users und der Userin wird direkt über die Benutzeroberfläche in den Bann gezogen, gleichzeitig spiegelt sich das Gesehene vor allem bei Dunkelheit als bläuliches Flirren auf dem Gesicht. Wir alle geben uns mehr oder weniger intensiv den Versuchungen dieses ständigen Bilderflusses hin, allerdings ohne in der Regel deren Wirkungsweisen Aufmerksamkeit zu schenken. Es sind jedoch genau diese visuellen Reize mit ihren Nachbildern auf der Netzhaut, welche den Ausgangspunkt für Benedikt Leonhardts Bildfindungen darstellen und damit zum Mittelpunkt einer ästhetischen Reflexion werden.

Zu Beginn des künstlerischen Prozesses steht also eine phänomenologische Seh- und Selbsterfahrung, welche den Erscheinungen der Medienbilder künstlerisches Interesse zukommen lässt. Um die Flüchtigkeit der Impulse überhaupt fruchtbar machen zu können, sind drei Vorgänge nötig, welche Andreas Reckwitz als konstitutiv für das Computer-Subjekt ausmacht. Es handelt sich um die Dispositionen des Auswählens, des Experimentierens und der ästhetischen Immersion.[2] Wichtig ist dabei, dass es sich um Vorgänge des Erprobens und Explorierens handelt, die weniger rational als vielmehr ästhetisch-kreativ sind. Oft sind es vorbewusste Vorgänge, die zu der Wahl eines bestimmten Bildes führen – in jedem Fall steckt keine fixe Vorannahme oder ein vorgefertigtes Gedankenbild dahinter.

Sind diese Bilder einmal ausgewählt, finden sie eine konkrete Form in einem kleinformatigen Ausdruck auf Papier. Sie werden damit in dokumentarische Archivbilder transformiert, in denen die Erinnerung an das ursprüngliche ästhetische Moment konserviert bleibt. Bis zu diesem Punkt handelt es sich um subjektive Prozesse, die alleine in der Wahrnehmung des Künstlers angesiedelt sind. Mit dem nächsten Schritt, dem Beginn der

contain an unusually aesthetic moment, often just a detail in the image, a combination of colors or a particular formal aspect that interests the artist and which he uses to create his large format compositions.

The confrontation with the digital images is once more an *en face* encounter. The display of the smartphone or the screen of the laptop are surfaces that depend on a frontal observation. The gaze of the user is drawn directly through the user surface, while what they see, especially in the darkness, is reflected as a bluish glow on the faces of the viewers. We all pay more or less attention to the seductions of this constant flow of images, but usually without heeding its effects. These visual stimuli with their after-images on the retina represent the starting point for Benedikt Leonhardt's visual creations and thus become the focus of an aesthetic reflection.

At the start of the artistic process is a phenomenological experience of vision and the self that makes the appearances of media images the subject of artistic interest. To render the fleeting impulses fertile, three acts are necessary that Andreas Reckwitz considers constitutive for the computer-subject: choice, experimentation, and aesthetic immersion.[2] Here, it is important that at issue are acts of trying out and exploration that are less rational than they are aesthetic or creative. Often, preconscious events can lead to the choice of a certain image: in each case, there is no fixed presumption or prior mental image behind it.

Once these images are chosen, they take concrete form in a small-format print on paper. They are thus transformed into documentary archival images where the memory of the original aesthetic moment is conserved. Up until this point, at issue are subjective processes that are solely situated in the perception of the artist. With the next step, beginning work on the canvas, analytical processes move to the foreground. Is the composition in its overall structure relevant for the painting, or only individual structures, color gradients, or light-dark relations? All of these decisions are made under aesthetic aspects and cannot be reconstructed from the outside. It is at this point that the imaginative power of the painter comes to the fore, allowing concrete objects to become images. Vilém Flusser links the artistic imaginative power on a very elementary plane with the category of subjectivity. In his essay "A New Imagination," he writes, "'Imagination' is the unique ability to step back from the objective world into one's own subjectivity, to become the subject of an objective world. It is the unique ability to 'ek-sist' rather than 'in-sist.' In any case, this gesture commences with a movement of abstraction, of pulling out, of retreat."[3] Through an apparent paradox, the artist becomes a mediator: by focusing entirely on his own subjectivity, he creates visual works that enable communication with others. In Leonhardt's paintings, the process that Flusser calls abstraction is stylistically doubled by dissolving all too clear links to reality in a painterly fashion.

The work on the image is a complex process, where the temporal acts of the application of paint, the blurring,

Arbeit auf der Leinwand, treten fortan analytische Prozesse in den Vordergrund. Soll es die Komposition in ihrer Gesamtstruktur sein, die für das Gemälde relevant ist, oder sind es nur einzelne Strukturen, Farbverläufe oder Hell-Dunkel-Verhältnisse? All diese Entscheidungen werden unter ästhetischen Gesichtspunkten getroffen und sind von außen gesehen nicht rekonstruierbar. Es ist an diesem Punkt die Einbildungskraft des Malers, die zum Tragen kommt und welche es ermöglicht, aus konkreten Objekten Bilder zu generieren. Vilém Flusser verknüpft die künstlerische Einbildungskraft ganz elementar mit der Kategorie der Subjektivität. In seinem Aufsatz „Eine neue Einbildungskraft" schreibt er: „‚Einbildungskraft' ist die eigenartige Fähigkeit, von der gegenständlichen Welt in die eigene Subjektivität zurückzutreten, Subjekt einer objektiven Welt zu werden. [...] [S]ie ist die eigenartige Fähigkeit, zu ek-sistieren statt zu in-sistieren. Jedenfalls: diese Geste beginnt mit einer Bewegung der Abstraktion, des Sich-Herausziehens, des Rückzugs."[3] Durch ein scheinbares Paradox wird der Künstler so zum Mittler: Indem er sich ganz auf seine eigene Subjektivität besinnt, schafft er Bildwerke, die eine Kommunikation mit Anderen ermöglichen. In Leonhardts Gemälden wird zudem der von Flusser mit dem Begriff der Abstraktion bezeichnete Prozess stilistisch gedoppelt, indem jeder allzu eindeutige Wirklichkeitsbezug malerisch aufgelöst wird.

Die Arbeit am Bild gestaltet sich als komplexer Vorgang, bei dem sich die zeitlichen Vorgänge des Auftragens der Farbe, des Verwischens, Überrakelns oder Konturierens schichtenartig auf der Bildoberfläche einschreiben. Die ursprüngliche Vorlage fungiert für Leonhardt als „Projektion seiner Erinnerung, tritt jedoch bis zur Vollendung des Bildes allmählich in den Hintergrund oder verschwindet gänzlich"[4]. Der gesamte Prozess der malerischen Genese unterliegt rationalen Überlegungen und wird vom Künstler in dem Sinne verobjektiviert, als er jeden einzelnen Schritt auf Karteikarten dokumentiert. Ein letzter Rest dieser Informationen bleibt in den Bildtiteln erhalten, die alle so gehalten sind, dass einem „Untitled" eine Kombination von Buchstaben und mitunter auch Zahlen in Klammer nachgestellt wird. Die kryptischen Kürzel lassen den Betrachter und die Betrachterin vielleicht an Farbcodes denken, allerdings werden diese vom Künstler um weitere verschlüsselte Angaben so erweitert, dass sich die Buchstabenfolge aufs Neue jeder allzu eindeutigen Referenz entzieht.

Durch den intensiven Prozess der Arbeit am Gemälde und die damit verbundene Verselbständigung des Motivs bewegt sich das Bild in eine phänomenologische Wirklichkeit hinein, in eine Welt der reinen Sichtbarkeit. Es ist nun nicht mehr wichtig, welches Sujet dem Bild vorausgegangen ist beziehungsweise ob es überhaupt auf der Repräsentation eines bestimmten Motivs beruht. Stattdessen zählt nur mehr das, was vom Betrachter und der Betrachterin wahrgenommen wird. Das Bild wird zur reinen Erscheinung oder, um die Terminologie des Phänomenologen Edmund Husserl zu gebrauchen, zum Bildobjekt.[5] Die Werke von Benedikt Leonhardt charak-

coating, or contouring are inscribed in layers on the picture surface. The original model serves Leonhardt as a "projection of his memory which gradually moves to the background until disappearing entirely in the completion of the image."[4] The entire process of the painterly genesis is subject to rational considerations and is objectivized by the artist in the sense that he documents every individual step on index cards. A final element of this information remains in the titles of the pictures that all consist of an "untitled" followed by a combination of letters and sometimes numbers in brackets. The cryptic abbreviations recall color codes, but they are expanded with other encoded information so that the series of letters once again refuses an all-too-clear reference.

Through the intense process of working on the painting and the linked autonomization of the motif, the image moves into a phenomenological reality, a world of pure visibility. It is now no longer important what subject preceded the image or whether it is based at all on the representation of a certain motif. Instead, all that counts is what is perceived by the beholder. The image becomes pure appearances or, to use the terminology of the phenomenologist Edmund Husserl, an 'image object' (*Bildobjekt*).[5] The works of Benedikt Leonhardt are characterized precisely by the fact that they offer beholders surfaces rich in relationships that open a wide spectrum of visual spaces of possibility. Their painterly surfaces can also be characterized by the fact that they are only receivable in the here and now, that a direct confrontation in real space must take place. Unlike the digital visual world, they require the full attention of physical viewing and lose their expressivity and effectiveness if they can only be experienced as reproductions.

Leonhardt's works also force a phenomenological mode of viewing through one of their most important compositional elements: they are opaque images. The history of the painting was decisively shaped by a metaphor formulated by Leon Battista Alberti in his text *De pictura* that establishes an analogy between the panel painting and an open window. Like the view through a window frame, the painting also opens a view of reality with spatial depth. These images are called transparent images, for they are characterized by the illusion that they are comparable to the real. The beholder enters into a relationship with the painted motif that allows the medium of painting to step back and become virtually invisible (transparent). This phenomenon of transparency is contrasted to opacity. Opaque images are images that place the painterly at the foreground and explore the painting as a physical object. The canvas here appears as a two-dimensional surface; the paints are used in their entire materiality. It is thus painting that moves to the focus, appearing in a self-referential way. Leonhardt turns away from the illusory possibilities of the panel painting by including tape in his works, for example. These strips of tape emphasize the artistic interest in the picture qua picture. They serve purely formal purposes, to give the composition stability, for instance, but above all they make clear that the picture surface is something artificial.

terisieren sich gerade dadurch, dass sie den Betrachtern und Betrachterinnen beziehungsreiche Angriffsflächen bieten, die ein breites Spektrum an visuellen Möglichkeitsräumen eröffnen. Ihre malerischen Oberflächen zeichnen sich zudem dadurch aus, dass sie ausschließlich im Hier und Jetzt rezipierbar sind, dass es also zu einer unmittelbaren Konfrontation im Realraum kommen muss. Anders als die digitale Bildwelt erfordern sie die volle Aufmerksamkeit der physischen Betrachtung und verlieren ihre Aussage- und Wirkkraft, sobald sie nur als Reproduktionen erfahren werden können.

Leonhardts Werke forcieren eine phänomenologische Betrachtungsweise zudem durch eines ihrer wichtigsten gestalterischen Merkmale: Es sind opake Bilder. Die Geschichte der Malerei wurde entscheidend von Leon Battista Albertis in seiner Schrift *De pictura* formulierter Metapher geprägt, welche das Tafelbild mit einem offenen Fenster analogisiert: Wie beim Blick aus dem Fensterrahmen eröffne auch das Gemälde einen tiefenräumlichen Blick auf die Wirklichkeit. Diese Bilder werden als transparente Bilder bezeichnet, denn sie charakterisieren sich durch die Illusion, sie seien mit etwas Realem vergleichbar. Der Betrachter oder die Betrachterin setzt sich also mit dem gemalten Motiv in eine Beziehung, die das Medium der Malerei zurücktreten und quasi unsichtbar (transparent) werden lassen. Diesem Phänomen der Transparenz steht die Opazität diametral gegenüber. Denn opake Bilder sind Bilder, die genau das Malerische in den Vordergrund stellen und das Gemälde als physisches Objekt thematisieren: Die Leinwand erscheint dabei als zweidimensionale Fläche, die Farben werden in ihrer ganzen Materialität verwendet. Es ist damit die Malerei, die sich selbst in den Fokus rückt, somit also selbstreferenziell auftritt. Eine solche Abwendung von den illusorischen Möglichkeiten des Tafelbildes wird von Leonhardt beispielsweise explizit über die Einbindung von Tapes vorgenommen. Diese Streifen von Klebebändern betonen das künstlerische Interesse am Bild als Bild. Sie dienen rein formalen Zwecken, etwa um der Komposition Halt zu geben, vor allem machen sie aber deutlich, dass die Bildoberfläche etwas Artifizielles ist.

Die Werke von Benedikt Leonhardt gewinnen damit eine Qualität, die ihre ursprünglichen Vorbilder gerade nicht aufweisen. Denn im Unterschied zu opaken, selbstreferenziellen Gemälden stellen sich digitale Medien als Transparenzen dar, weil das Medium selbst so weit in den Hintergrund tritt, dass man es schließlich nicht mehr vorrangig wahrnimmt. Man blickt in die Ferne des digitalen Datenraums anstatt das Display als physisch existierendes Ding zu erfahren. Dem immersiven Datenraum stellt der Künstler einen konkreten Bildraum gegenüber, der nicht auf etwas, das außerhalb des Rahmens liegt, verweist, sondern Malerei als Malerei thematisiert. Dieser Bildraum unterliegt eigenen Gesetzen. Er beinhaltet einerseits noch Referenzen an das ursprüngliche digitale Bild, insbesondere in Bezug auf dessen leuchtende Erscheinung auf dem Handydisplay. Die zahlreichen Farbschichten und Lasuren verleihen Leonhardts Werken nun auf malerischem Weg etwas Schwebendes.

The works of Benedikt Leonhardt thus gain a quality that their original models do not show. For unlike opaque, self-referential paintings, digital media present themselves as transparencies because the medium itself moves so far to the background that it is not longer primarily perceived. One looks in the distance of digital data space instead of experiencing the display as a physically existing thing. The artist opposes the immersive space of data with a concrete visual space that does not refer to something that lies outside the frame but explores the subject of painting as painting. This visual space is subject to its own laws. It contains on the one hand references to the original digital image, especially in regard to its glowing appearance on a mobile telephone screen. The numerous layers of color and glaze lend Leonhardt's works something hovering in a painterly way. At the same time, the artist succeeds at creating surfaces with an astonishing sense of depth. The longer one looks at his image, the less we can remove ourselves from their pull. But the depth that Leonhardt generates in his painting always refers to the visual space itself; it does not point to something that lies outside. In this way, the paintings offer the possibility of creating an intimate relationship between the beholders and the visual surface. Comparable to the situation of Narcissus, who is fascinated by the mirror image on the surface of the water, the image surface serves as a vis-à-vis through which we cannot only encounter painting, but ourselves as well.

Christina Natlacen, Juniorprofessorin für Medien- und Kulturwissenschaft/ Junior professor for Media and Cultural Studies, Hochschule für Grafik und Buchkunst/Academy of Fine Arts Leipzig

Andererseits gelingt es dem Künstler, Oberflächen mit
erstaunlicher Tiefenwirkung zu kreieren. Je länger man
seine Bilder betrachtet, desto weniger kann man sich
ihrem Sog entziehen. Die Tiefe, die Benedikt Leonhardt
in seiner Malerei erzeugt, bleibt jedoch immer auf den
Bildraum selbst bezogen, sie verweist nicht auf etwas außerhalb des Bildträgers Liegendes. Dadurch bieten seine
Gemälde die Möglichkeit, dass sich ein intimes Verhältnis
zwischen Betrachter bzw. Betrachterin und Bildoberfläche herstellt. Vergleichbar mit der Situation des Narziss,
der von dem Spiegelbild auf der Oberfläche des Wassers
gebannt ist, fungiert die Bildoberfläche als ein Gegenüber, durch welches man nicht nur der Malerei, sondern
auch sich selbst begegnen kann.

1 Vgl. Victor I. Stoichita, *Eine kurze
Geschichte des Schattens*, München 1999,
S. 29–41.

2 Vgl. Andreas Reckwitz, *Das hybride
Subjekt. Eine Theorie der Subjektkulturen
von der bürgerlichen Moderne zur Post-
moderne*, Weilerswist 2006, S. 576.

3 Vilém Flusser, „Eine neue Einbildungskraft",
in: Volker Bohn (Hrsg.), *Bildlichkeit*, Frankfurt am Main 1990, S. 115–126, hier S. 116.

4 Katja Zeidler, „What happens in one
internet second?", in: *Livid. Benedikt
Leonhardt*, hrsg. von FeldbuschWiesner-
Rudolph, Berlin 2017, o. S.

5 Husserl unterscheidet zwischen dem Bildträger (also dem physischen Material wie
etwa der aufgespannten Leinwand), dem
Bildsujet (damit meint er das reale Objekt,
das abgebildet wird) und dem Bildobjekt
als Bezeichnung für die Ebene der Darstel-
lung. Für eine Zusammenfassung der
wahrnehmungstheoretischen Bildtheorie
Husserls siehe: Lambert Wiesing, *Artifi-
zielle Präsenz. Studien zur Philosophie
des Bildes*, Frankfurt a. M. 2005, S. 30–31.

1 See Victor I. Stoichita, *Eine kurze
Geschichte des Schattens* (Munich, 1999),
29–41.

2 See Andreas Reckwitz, *Das hybride
Subjekt. Eine Theorie der Subjektkulturen
von der bürgerlichen Moderne zur Post-
moderne* (Weilerswist, 2006), 576.

3 Vilém Flusser, "A New Imagination,"
Writings, ed. Andreas Ströhl, trans. Erik
Eisel (Minneapolis, 2002), 111.

4 Katja Zeidler, "What happens in one internet second?," *Livid. Benedikt Leonhardt*,
eds. FeldbuschWiesnerRudolph (Berlin,
2017), n.p.

5 Husserl distinguishes between the physical
material like the spanned canvas as the
'image carrier' (*Bildträger*), the 'image subject' (*Bildsujet*) as the real object that is
depicted, and the 'image object' (*Bildobjekt*)
as a term for the layer of representation. For
a summary of Husserl's perception theory,
see Lambert Wiesing, *Artificial Presence.
Philosophical Studies in Image Theory*, trans.
Nils F. Scott (Stanford, California, 2010),
18–19.

Arbeiten / Works

		1:2	1:3	1:8	1:9	1:10	1:11	1:12
Untitled	(TR/MD-AZB-CT)					1:10		
	(WF-QV/I-G-2)					1:10		
	(MD-MD-VD)		1:3					
	(MD-VD-RR)		1:3					
	(PR-MD-PR/VRD)		1:3					
	(RR/M-I/IH)		1:3					
	(WF-G-AB)				1:9			
	(VD/MR-G-SL)					1:10		
	(WF-AB-PG/I)		1:3					
	(FT-I-QV/QM-NM-3)							1:12
	(CO/CYD-MD-W)						1:11	
	(VR/M-W-O-MRE)		1:3					
	(VR-ZW/TW-O-MRE)		1:3					
	(FT-I-QV/QM-NM-2)		1:3					
	(FT-I-QV/QM-NM-1)		1:3					
	(M-LY-CT-ACK)		1:3					
	(WF-QV/I-G-1)			1:8				
	(TW-TV-PG)		1:3					
	(TW-B/I-R-NYL)					1:10		
	(MD/VD-EG-CO-2)						1:11	
	(R-S-O-3)						1:11	
	(WF-B-QM/V-4)					1:10		
	(MD/VD-EG-CO-1)			1:8				
	(WF-BO-V/PG)			1:8				
	(W-MD)	1:2						
	(CRL-M-M-U-2)		1:3					
	(CRL-M-M-U-1)		1:3					
	(R-S-O-1)			1:8				
	(WF-PG/MD-CO-2)		1:3					
	(WF-B-QM/V-2)		1:3					
	(WF-B-QM/V-1)		1:3					
	(MP-O-PG-MD)		1:3					

BL   LUX

BL

LUX

LUX

BL

18

02   Untitled (WF-QV/I-G-2)   2017   1:10

LUX

BL

LUX

BL

24

BL

LUX

LUX

BL

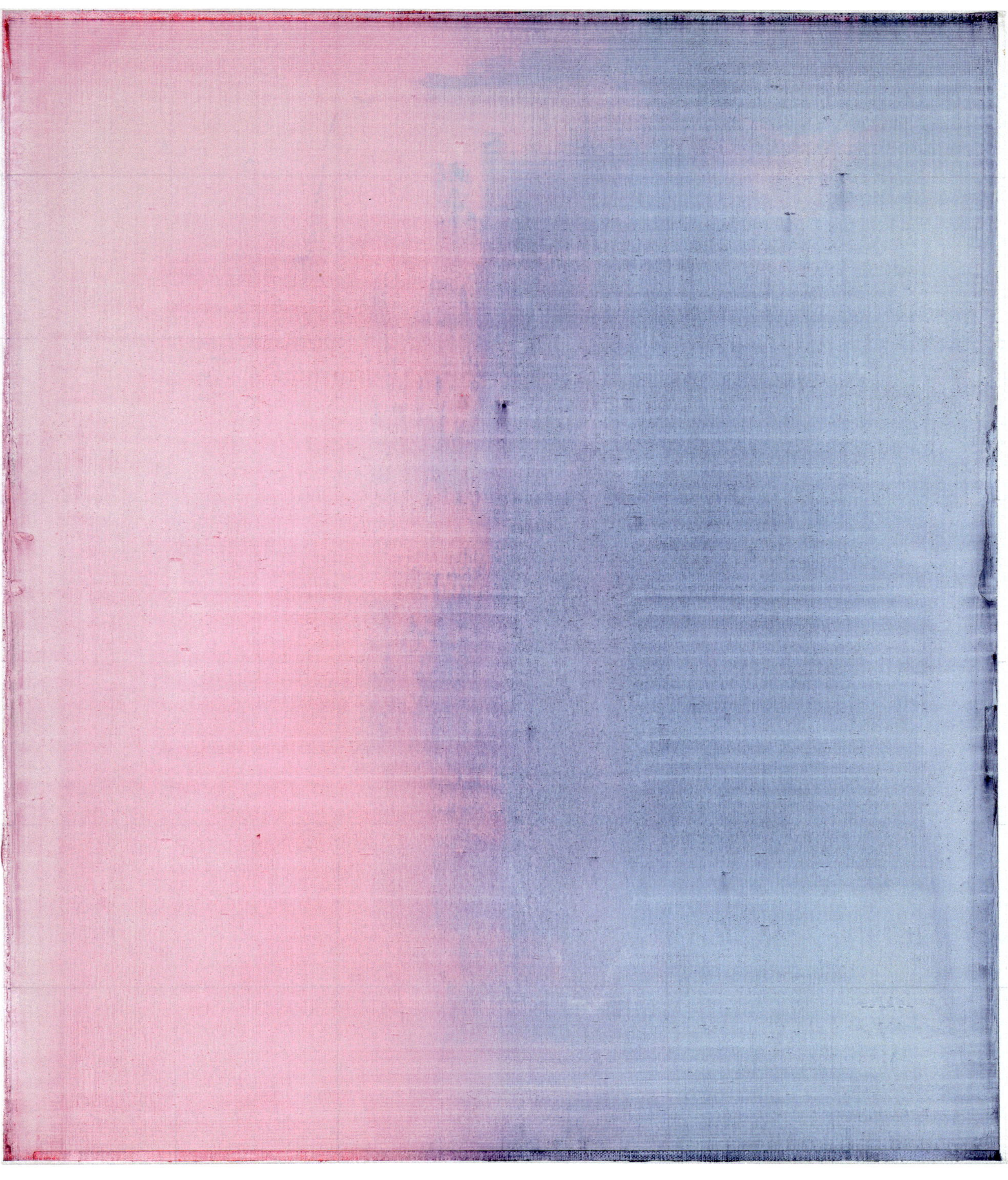

BL

LUX

Untitled (VD/MR-G-SL)   2017

1:10

BL

LUX

LUX

BL

LUX

BL

34

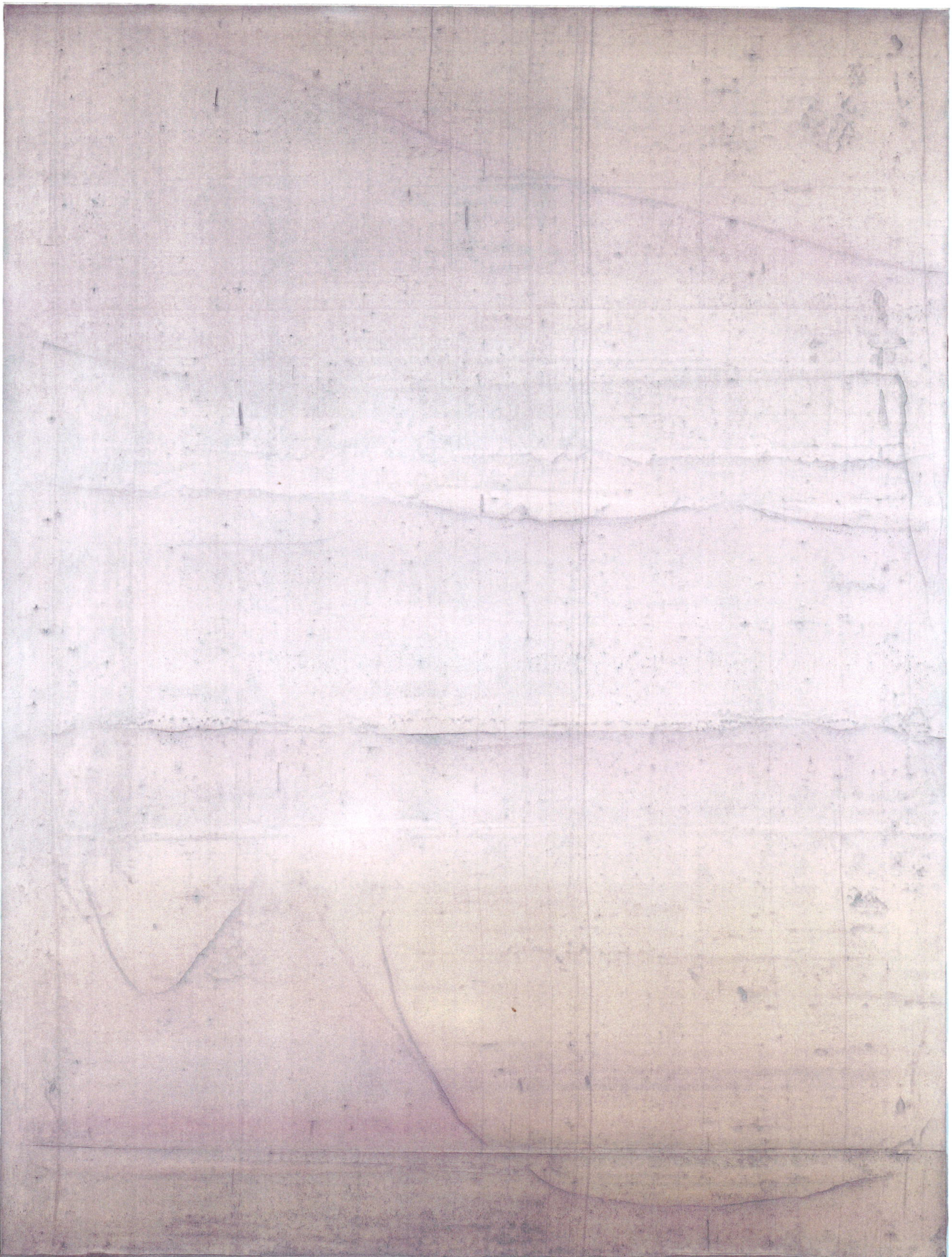

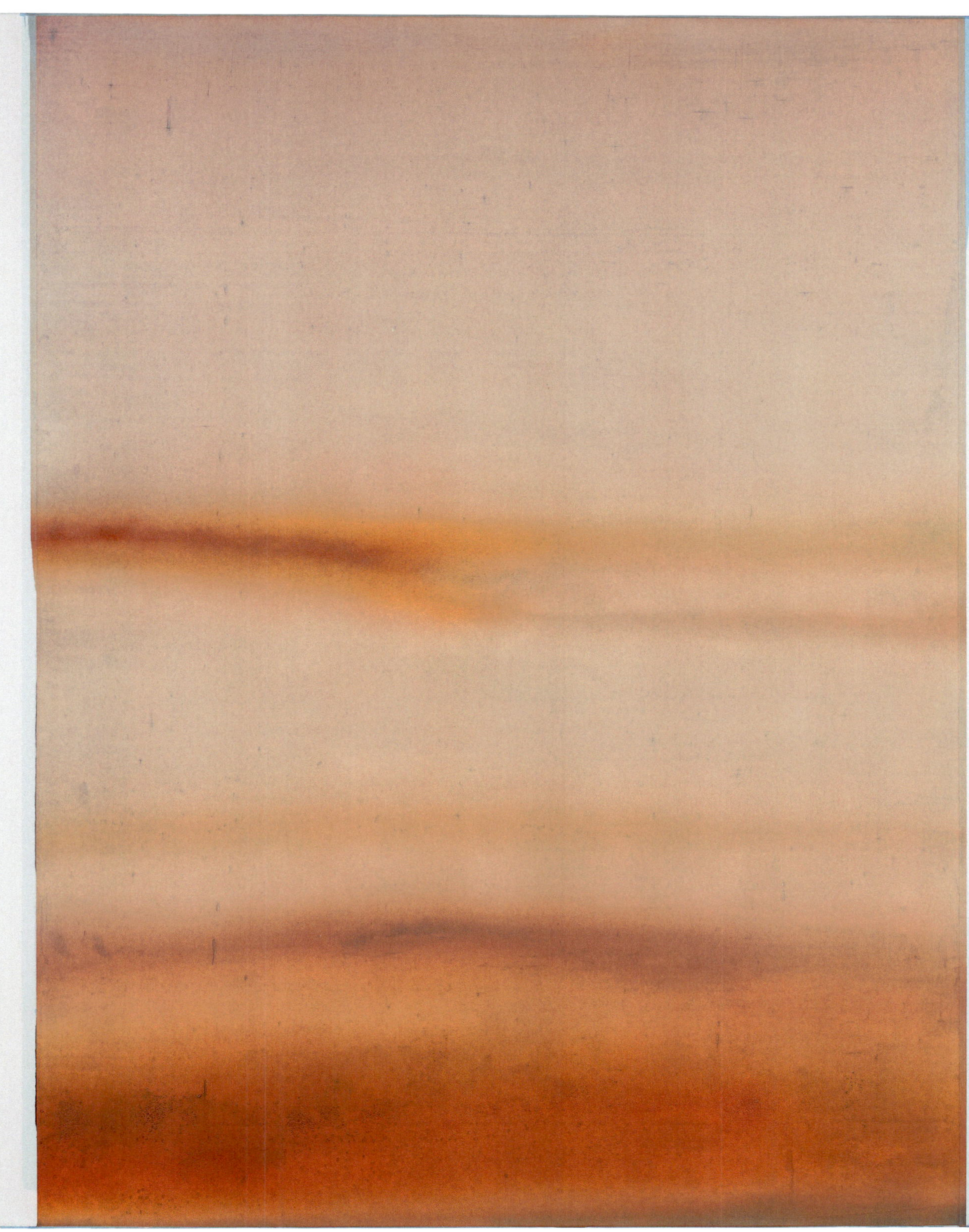

LUX

BL

38

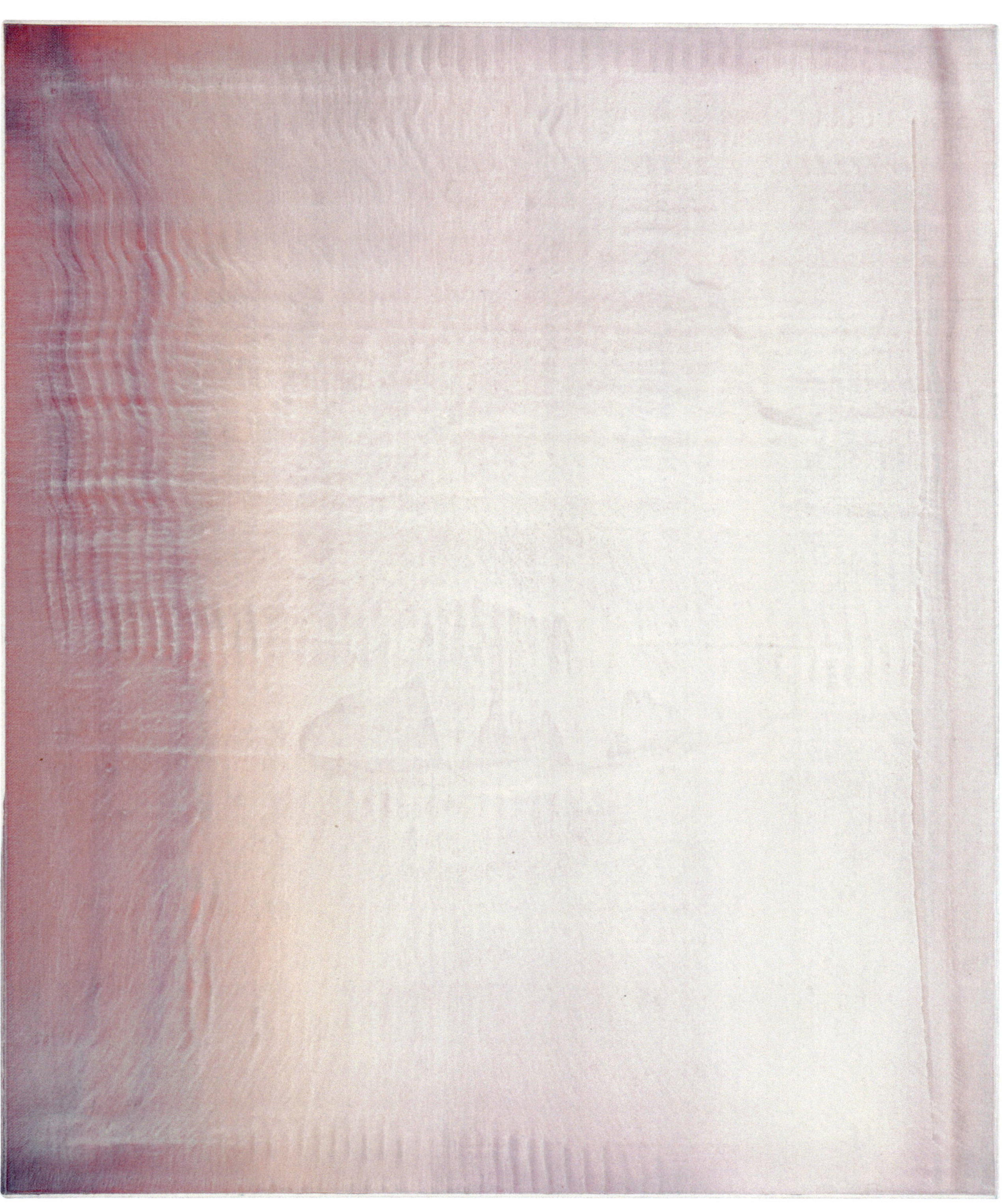

LUX

BL

40

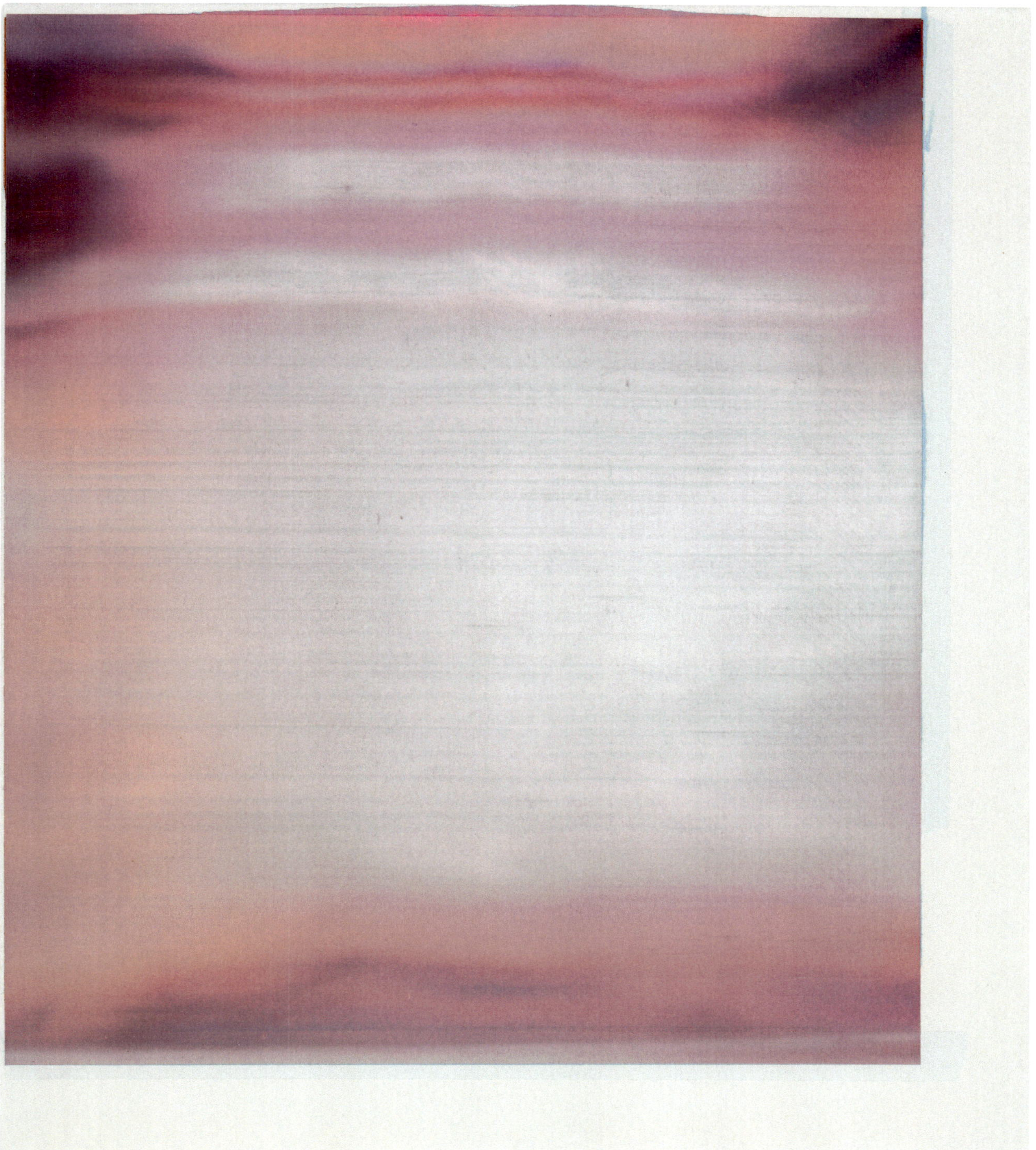

LUX

BL

15   Untitled (FT-I-QV/QM-NM-1)   2017

44

1:3

LUX

BL

46

LUX

BL

48

17   Untitled (WF-QV/I-G-1)   2017   1:8

Untitled (TW-TV-PG)

2017

1:3

LUX

BL

52

BL

LUX

LUX

BL

22   Untitled (MD/VD-EG-CO-2)   2016   1:11

54

23	Untitled (R-S-O-3)	2016	1:11

LUX

BL

56

LUX

BL

58

21   Untitled (WF-B-QM/V-4)   2016   1:10

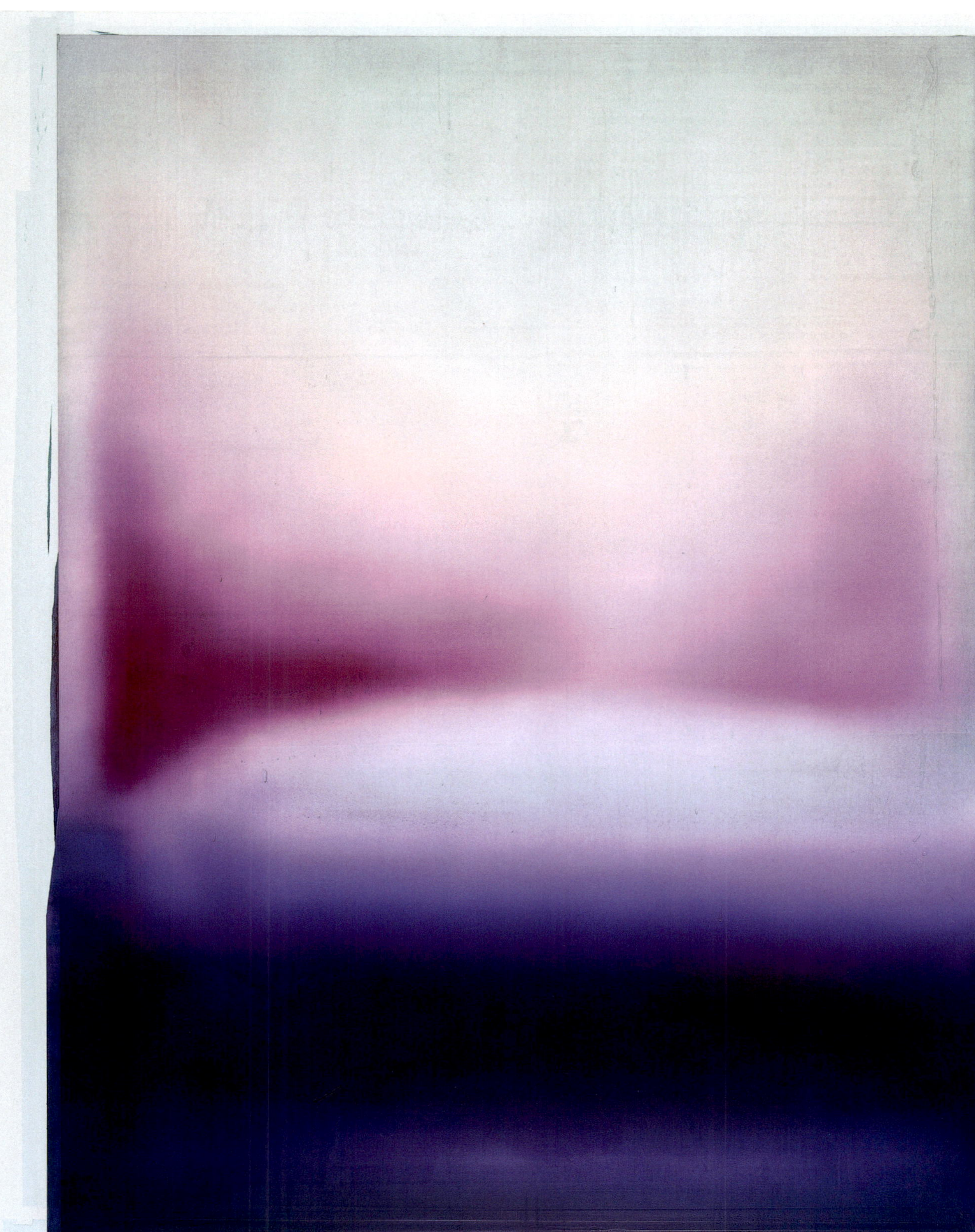

LUX

BL

60

24   Untitled (MD/VD-EG-CO-1)   2016   1:8

25   Untitled (WF-BO-V/PG)   2016   1:8

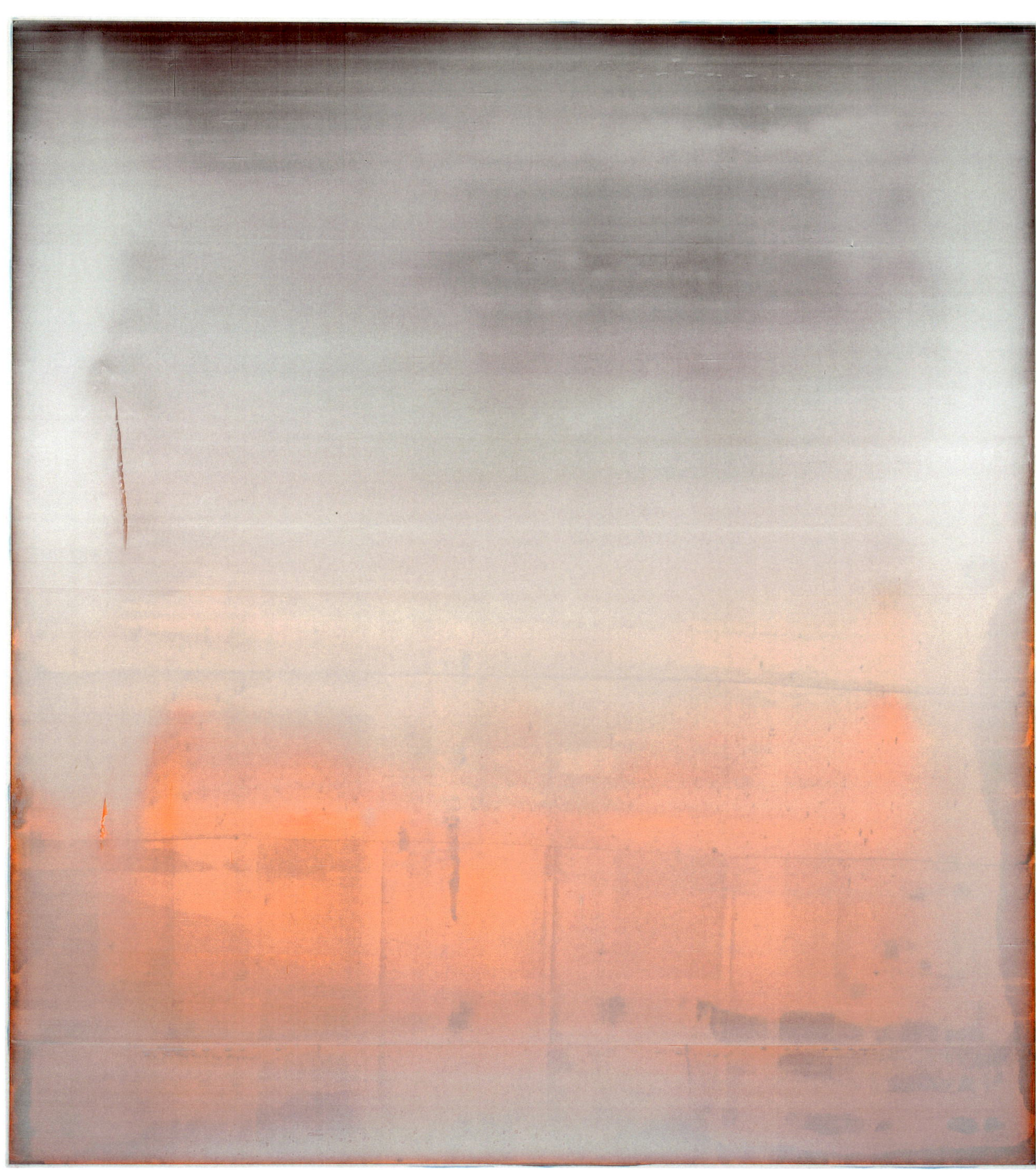

LUX

BL

Untitled (W-MD)

2016

1:2

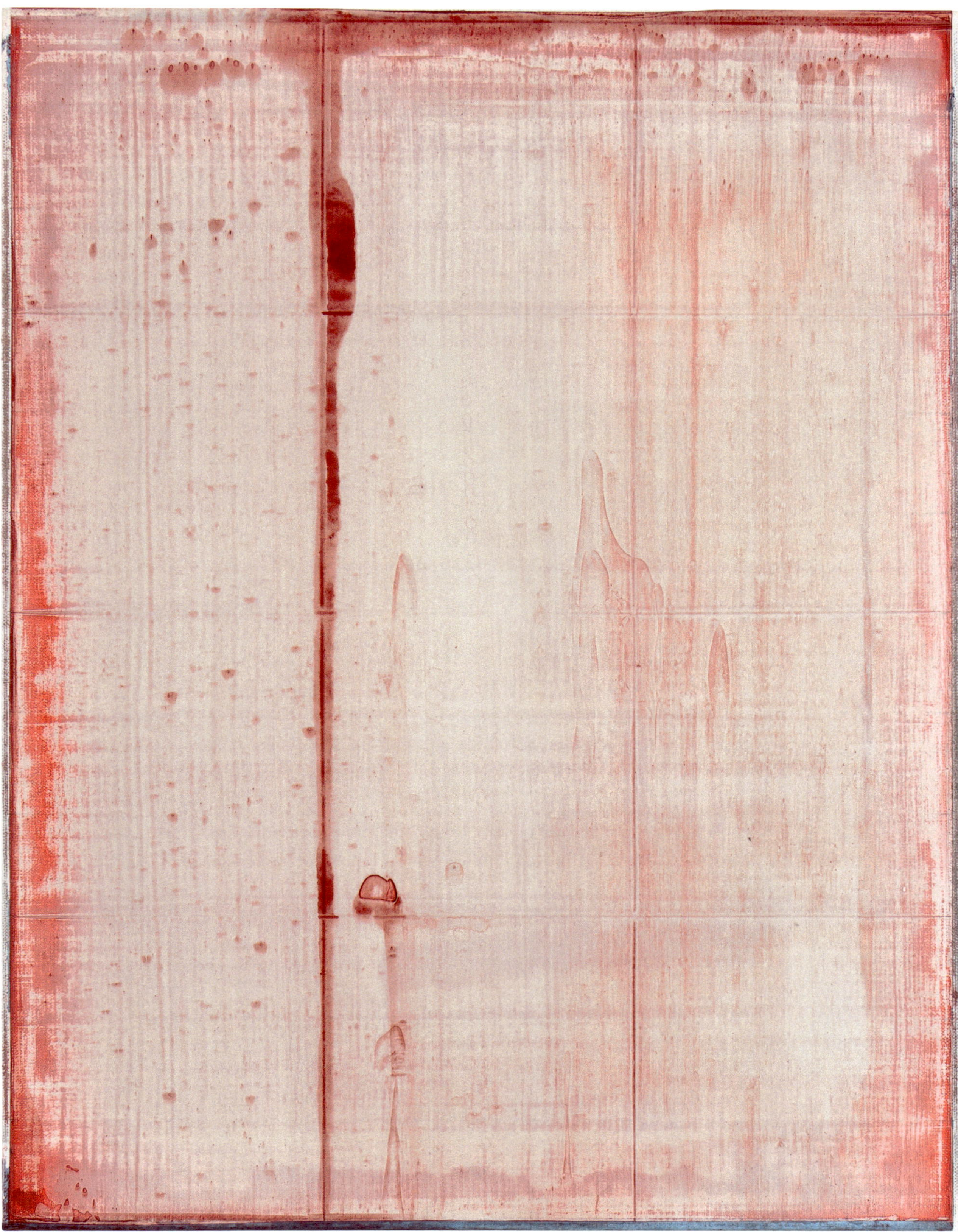

LUX

BL

35   Untitled (CRL-M-M-U-2)   2016   1:3

66

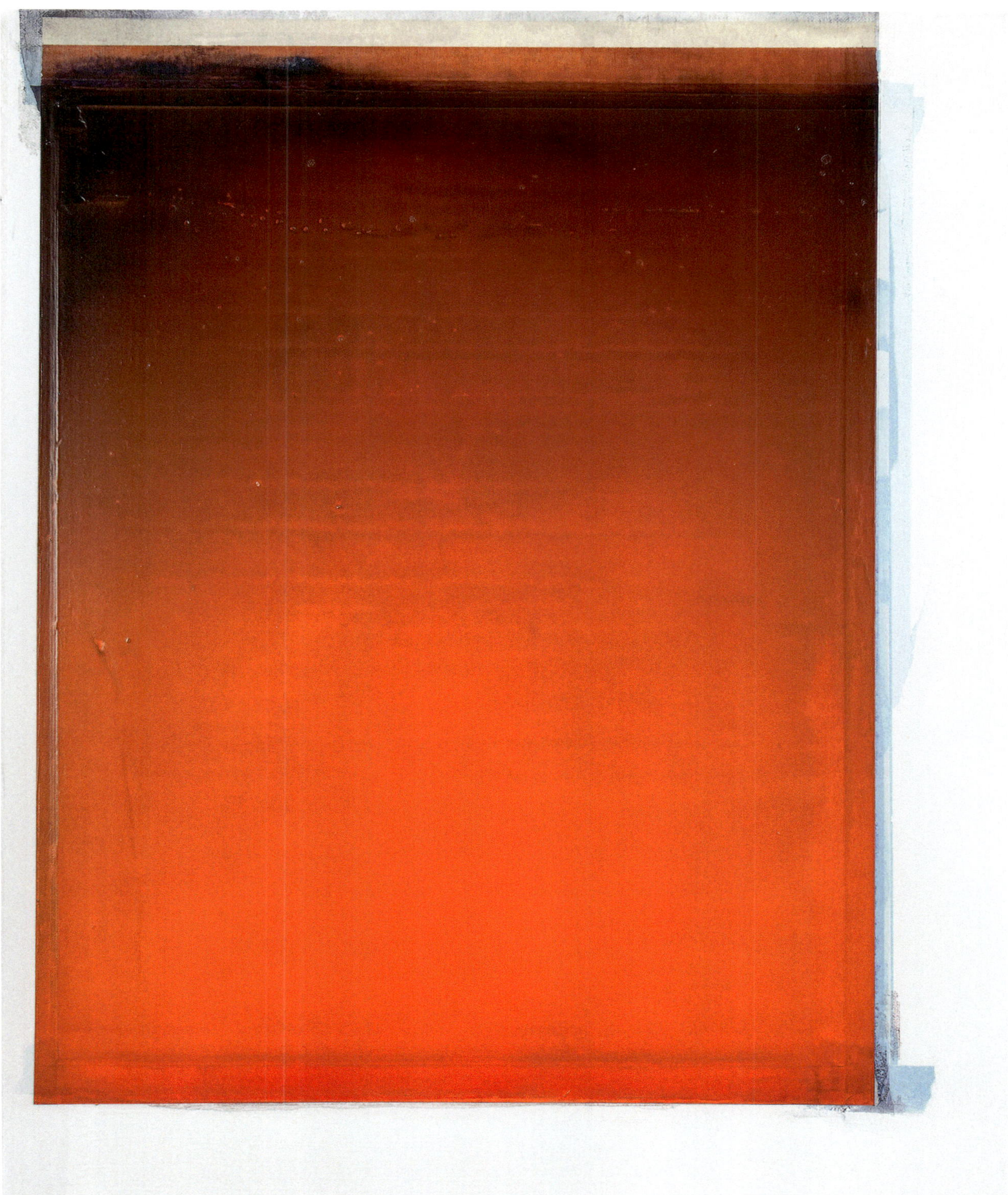

36   Untitled (CRL-M-M-U-1)   2016   1:3

68

BL

LUX

31   Untitled (R-S-O-1)   2016   1:8

LUX

BL

26

Untitled (WF-PG/MD-CO-2)

2016

1:3

BL

LUX

74

BL

LUX

38 Untitled (WF-B-QM/V-2) 2015 1:3

39   Untitled (WF-B-QM/V-1)   2015   1:3

LUX

BL

76

LUX

BL

78

42   Untitled (MP-O-PG-MD)   2015   1:3

* Museum der bildenden Künste Leipzig,
2017, Erwerbung mit Mitteln der BMW-
Niederlassung Leipzig
** Kunstfonds, Staatliche Kunstsammlungen
Dresden, Förderankauf der Kulturstiftung
des Freistaates Sachsen 2017

Werkverzeichnis/
List of Works 2015–17

	A I	T T	J Y	T T	M (cm) M (inch)	AT WT	K C	A E	S P
01		Untitled (TR/MD-AZB-CT)	2017	Öl, Acryl, Vinyl, Klebeband, Spachtelmasse auf Leinwand/Oil, acrylic, vinyl, tape, filler on canvas	190×169 74,8×66,5	#27–17	●	●	17
02		Untitled (WF-QV/I-G-2)	2017	Öl, Acryl, Klebeband, Spachtelmasse auf Leinwand/Oil, acrylic, tape, filler on canvas	180×160 70,9×63	#4–17	●	●	19
03		Untitled (MD-MD-VD)	2017	Öl, Acryl, Klebeband, Spachtelmasse auf Leinwand/Oil, acrylic, tape, filler on canvas	58,8×48,8 23,1×19,2	#11–17	●	●	21
04		Untitled (MD-VD-RR)	2017	Öl, Acryl, Klebeband, Spachtelmasse auf Leinwand/Oil, acrylic, tape, filler on canvas	58,8×48,8 23,1×19,2	#10–17	●	●	23
05		Untitled (PR-MD-PR/VRD)	2017	Öl, Acryl, Klebeband, Spachtelmasse auf Leinwand/Oil, acrylic, tape, filler on canvas	57,8×47,8 22,8×18,8	#18–17	●	●	25
06		Untitled (RR/M-I/IH)	2017	Öl, Acryl, Spachtelmasse auf Leinwand/Oil, acrylic, filler on canvas	53,6×45,6 21,1×18	#11–15	●	●	27
07		Untitled (WF-G-AB)	2017	Acryl, Klebeband, Spachtelmasse auf Leinwand/Acrylic, tape, filler on canvas	180×150 70,9×59,1	#2–17	●	○	29

	A I	T T	J Y	T T	M (cm) M (inch)	AT WT	K C	A E	S P
08		Untitled (VD/MR-G-SL)	2017	Öl, Acryl, Vinyl, Buntstift, Klebeband, Spachtelmasse auf Leinwand/Oil, acrylic, vinyl, crayon, tape, filler on canvas	190×169 74,8×66,5	#26–17	●	●	31
09		Untitled (WF-AB-PG/I)	2017	Öl, Acryl, Spachtelmasse auf Leinwand/Oil, acrylic, filler on canvas	55,8×46,7 22×18,4	#15–15	●	●	33
10		Untitled (FT-I-QV/QM-NM-3)	2017	Öl, Acryl, Klebeband, Spachtelmasse auf Leinwand/Oil, acrylic, tape, filler on canvas	190×140 74,8×55,1	#1–17	●	●	35
11		Untitled (CO/CYD-MD-W)	2017	Öl, Acryl, Vinyl, Klebeband, Spachtelmasse auf Leinwand/Oil, acrylic, vinyl, tape, filler on canvas	190×150 74,8×59,1	#6–17	●	●	37
12		Untitled (VR/M-W-O-MRE)	2017	Öl, Acryl, Klebeband, Spachtelmasse auf Leinwand/Oil, acrylic, tape, filler on canvas	57,8×47,8 22,8×18,8	#15–17	●	●	39
13	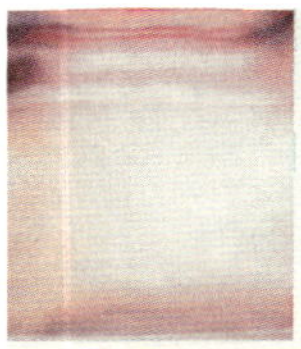	Untitled (VR-ZW/TW-O-MRE)	2017	Öl, Acryl, Vinyl, Klebeband, Spachtelmasse auf Leinwand/Oil, acrylic, vinyl, tape, filler on canvas	58,7×50,7 23,1×20	#24–17	●	●	41
14		Untitled (FT-I-QV/QM-NM-2)	2017	Öl, Acryl, Klebeband, Spachtelmasse auf Leinwand/Oil, acrylic, tape, filler on canvas	68,9×51,9 27,1×20,4	#12–15	●	○	43
15		Untitled (FT-I-QV/QM-NM-1)	2017	Öl, Acryl, Klebeband, Spachtelmasse auf Leinwand/Oil, acrylic, tape, filler on canvas	58,8×47,8 23,1×18,8	#9–16	●	●	45

BL   LUX

A I	T T	J Y	T T	M (cm) M (inch)	AT WT	K C	A E	S P
16		2017	Untitled (M-LY-CT-ACK)	Öl, Acryl, Klebeband, Spachtelmasse auf Leinwand / Oil, acrylic, tape, filler on canvas	64,8×46,7 25,5×18,4	#23–17	●	●	47
17		2017	Untitled (WF-QV/I-G-1)	Öl, Acryl, Klebeband, Spachtelmasse auf Leinwand / Oil, acrylic, tape, filler on canvas	160×140 63×55,1	#5–17	●	●	49
18		2017	Untitled (TW-TV-PG)	Öl, Acryl, Vinyl, Klebeband, Spachtelmasse auf Leinwand / Oil, acrylic, vinyl, tape, filler on canvas	58,7×46,7 23,1×18,4	#38–15	●	○	51
19		2017	Untitled (TW-B/I-R-NYL)	Öl, Acryl, Spachtelmasse auf Leinwand / Oil, acrylic, filler on canvas	220×170 86,6×66,9	#20–16	●	●	53
20		2016	Untitled (WF-BO-V/PG-2)	Acryl, Klebeband, Spachtelmasse auf Leinwand / Acrylic, tape, filler on canvas	160×140 63×55,1	#16–16	○	○	—
21		2016	Untitled (WF-B-QM/V-4) *	Öl, Acryl, Vinyl, Klebeband, Spachtelmasse auf Leinwand / Oil, acrylic, vinyl, tape, filler on canvas	220×170 86,6×66,9	#18–16	●	●	59
22		2016	Untitled (MD/VD-EG-CO-2) **	Öl, Acryl, Buntstift, Spachtelmasse auf Leinwand / Oil, acrylic, crayon, filler on canvas	220×190 86,6×74,8	#19–16	●	●	55
23		2016	Untitled (R-S-O-3)	Öl, Acryl, Klebeband, Spachtelmasse auf Leinwand / Oil, acrylic, tape, filler on canvas	220×180 86,6×70,9	#17–16	●	●	57

BL LUX

<table>
<tr><th>A
I</th><th></th><th>T
T</th><th>J
Y</th><th>T
T</th><th>M (cm)
M (inch)</th><th>AT
WT</th><th>K
C</th><th>A
E</th><th>S
P</th></tr>
<tr><td>24</td><td></td><td>Untitled
(MD/VD-EG-CO-1)</td><td>2016</td><td>Öl, Acryl, Vinyl, Klebeband, Spachtelmasse auf Leinwand / Oil, acrylic, vinyl, tape, filler on canvas</td><td>160×140
63×55,1</td><td>#15–16</td><td>●</td><td>○</td><td>61</td></tr>
<tr><td>25</td><td></td><td>Untitled
(WF-BO-V/PG)</td><td>2016</td><td>Acryl, Klebeband, Spachtelmasse auf Leinwand / Acrylic, tape, filler on canvas</td><td>160×140
63×55,1</td><td>#8–16</td><td>●</td><td>○</td><td>63</td></tr>
<tr><td>26</td><td></td><td>Untitled
(WF-PG/MD-CO-2)
*</td><td>2016</td><td>Öl, Acryl, Spachtelmasse auf Leinwand / Oil, acrylic, filler on canvas</td><td>58,7×46,7
23,1×18,4</td><td>#12–15</td><td>●</td><td>○</td><td>73</td></tr>
<tr><td>27</td><td></td><td>Untitled
(WF-CO-PG)</td><td>2016</td><td>Öl, Acryl, Spachtelmasse auf Leinwand / Oil, acrylic, filler on canvas</td><td>56,5×46,4
22,2×18,3</td><td>#13–15</td><td>○</td><td>○</td><td>—</td></tr>
<tr><td>28</td><td></td><td>Untitled
(WF-B-QM/V-3)</td><td>2016</td><td>Öl, Acryl, Vinyl, Klebeband, Spachtelmasse auf Leinwand / Oil, acrylic, vinyl, tape, filler on canvas</td><td>180×150
70,9×59,1</td><td>#13–16</td><td>○</td><td>○</td><td>—</td></tr>
<tr><td>29</td><td></td><td>Untitled
(PG/VB-AQ)</td><td>2016</td><td>Öl, Acryl, Vinyl, Klebeband, Spachtelmasse auf Leinwand / Oil, acrylic, vinyl, tape, filler on canvas</td><td>56,4×46,4
22,2×18,3</td><td>#11–16</td><td>○</td><td>○</td><td>—</td></tr>
<tr><td>30</td><td></td><td>Untitled
(CRL-M-M-U-3)</td><td>2016</td><td>Öl, Acryl, Vinyl, Klebeband, Spachtelmasse auf Leinwand / Oil, acrylic, vinyl, tape, filler on canvas</td><td>160×140
63×55,1</td><td>#14–16</td><td>○</td><td>○</td><td>—</td></tr>
<tr><td>31</td><td></td><td>Untitled
(R-S-O-1)</td><td>2016</td><td>Öl, Acryl, Klebeband, Spachtelmasse auf Leinwand / Oil, acrylic, tape, filler on canvas</td><td>160×130
63×51,2</td><td>#6–16</td><td>●</td><td>○</td><td>71</td></tr>
</table>

	A I	T T	J Y	T T	M (cm) M (inch)	AT WT	K C	A E	S P
32		Untitled (W-MD)	2016	Öl, Acryl, Klebeband, Spachtelmasse auf Leinwand / Oil, acrylic, tape, filler on canvas	51,4×39,4 20,2×15,5	#35–15	●	○	65
33		Untitled (WF-PG/MD-CO-1)	2016	Öl, Acryl, Spachtelmasse auf Leinwand / Oil, acrylic, filler on canvas	55,7×45,7 21,9×18	#14–15	○	○	—
34		Untitled (CF-L)	2016	Öl, Acryl, Vinyl, Klebeband, Spachtelmasse auf Leinwand / Oil, acrylic, vinyl, tape, filler on canvas	59,5×49,4 23,4×19,4	#1–16	○	○	—
35		Untitled (CRL-M-M-U-2)	2016	Öl, Acryl, Klebeband, Spachtelmasse auf Leinwand / Oil, acrylic, tape, filler on canvas	59,4×47,4 23,4×18,7	#41–15	●	●	67
36		Untitled (CRL-M-M-U-1)	2016	Öl, Acryl, Vinyl, Klebeband, Spachtelmasse auf Leinwand / Oil, acrylic, vinyl, tape, filler on canvas	58,8×48,7 23,1×19,2	#2–16	●	●	69
37		Untitled (WF-BO)	2016	Acryl, Spachtelmasse, auf Leinwand / Acrylic, filler on canvas	55,8×45,6 22×18	#10–16	○	○	—
38		Untitled (WF-B-QM/V-2)	2015	Acryl, Klebeband, Spachtelmasse auf Leinwand / Acrylic, tape, filler on canvas	58,6×45,6 23,1×18	#32–15	●	○	75
39		Untitled (WF-B-QM/V-1)	2015	Acryl, Bleistift, Klebeband, Spachtelmasse auf Leinwand / Acrylic, pencil, tape, filler on canvas	58,9×48,9 23,2×19,3	#33–15	●	○	77

A I		T T	J Y	T T	M (cm) M (inch)	AT WT	K C	A E	S P
40		Untitled (Y-B-CU-MP)	2015	Öl, Acryl, Spachtel- masse auf Leinwand / Oil, acrylic, filler on canvas	48,7×34,7 19,2×13,7	#7–15	○	○	—
41		Untitled (Y-B-MP)	2015	Öl, Acryl, Klebeband, Spachtelmasse auf Leinwand / Oil, acrylic, tape, filler on canvas	50,6×34,9 19,9×13,7	#8–15	○	○	—
42		Untitled (MP-O-PG-MD)	2015	Öl, Acryl, Vinyl, Klebeband, Spachtel- masse auf Leinwand / Oil, acrylic, vinyl, tape, filler on canvas	52,9×50,8 20,8×20	#28–15	●	○	79
43		Untitled (Y-B-PG-MP)	2015	Öl, Acryl, Spachtel- masse auf Leinwand / Oil, acrylic, filler on canvas	68,7×56,6 27×22,3	#1–15	○	○	—
44		Untitled (TW-O-B)	2015	Öl, Acryl, Klebeband, Spachtelmasse auf Leinwand / Oil, acrylic, tape, filler on canvas	69,5×59,5 27,4×23,4	#2–15	○	○	—
45		Untitled (PG-O-Y-W-L)	2015	Acryl, Spachtelmasse auf Leinwand / Acrylic, filler on canvas	130×100 51,1×39,3	#20–15	○	○	—
46		Untitled (PG-O-R-CR-L)	2015	Acryl, Spachtelmasse auf Leinwand / Acrylic, filler on canvas	130×100 51,1×39,3	#30–15	○	○	—
47		Untitled (MP-O-CR)	2015	Öl, Acryl, Klebeband, Spachtelmasse auf Leinwand / Oil, acrylic, tape, filler on canvas	51,9×49,8 20,4×19,6	#27–15	○	○	—

BL   LUX

Biografie/Biography

Benedikt Leonhardt

1984
geboren/born in Leipzig
lebt und arbeitet/lives and works in Leipzig

Ausbildung/Education

2014–16
Meisterschüler bei/Postgraduate studies
with Astrid Klein

2014
Diplom/Diploma

2012
Erasmus-Programm/Erasmus program,
Bergen Academy of Art and Design

2009–14
Studium der Bildenden Kunst in der Klasse/
Studies in Fine Arts with Astrid Klein,
Hochschule für Grafik und Buchkunst/
Academy of Fine Arts Leipzig

2007–09
Hochschule für Grafik und Buchkunst/
Academy of Fine Arts Leipzig

Auszeichnungen und Stipendien/
Awards and Scholarships

2017
Kunstpreis der Leipziger Volkszeitung/
LVZ Art Prize

2009–16
Stipendium des Cusanuswerks/
Cusanuswerk Scholarship

Ausstellungen/Exhibitions

2017
LUX, Museum der bildenden Künste Leipzig (S)
*19 Positionen – 11. Absolventenausstellung der
Künstlerförderung des Cusanuswerks*, UG im Folkwang,
Museum Folkwang, Essen (G)
Wahnsinn, Salon Schmitz, Köln (G)
*Win/Win – Die Ankäufe der Kulturstiftung des Freistaates
Sachsen 2017*, Halle 14, Leipzig (G)
Livid, Galerie FeldbuschWiesnerRudolph, Berlin (S)
Corriger la Fortune, Kunstverein Tiergarten, Berlin (G)

2016
Meisterschülerausstellung, Hochschule für Grafik
und Buchkunst/ Academy of Fine Arts Leipzig (G)
Bianco, Salon Schmitz, Köln (S)

2015
Sew, Saw, Paint, Rewrite, Galerie FeldbuschWiesner,
Berlin (G)
Leipzig malt – Alle Farben sind gleich schön, Wiensowski
& Harbord, Berlin (G)
continuous abstraction, Kunstverein Tiergarten,
Berlin (G)

2014
Lumen, Galerie FeldbuschWiesner, Berlin (S)
The Jubilee Graduates, Hochschule für Grafik und Buch-
kunst/Academy of Fine Arts Leipzig (G)

2013
Color Slides & River Tides, King Size, Leipzig (G)
Seeds of Color, Upon Paper Space, Berlin (G)
copy & re:peat, Kunsthalle der Sparkasse, Leipzig (G)

2012
to be rather hazy about, Kunstraum Ortloff, Leipzig (G)
copy & re:peat, BKS Garage, Kopenhagen (G)
Landscapes in transformation, Passerelle Centre d'art
contemporain, Brest; Hochschule für Grafik
und Buchkunst/Academy of Fine Arts Leipzig (G)
Hello – Goodbye, Gallery of the Bergen Academy of Art
and Design, Bergen (G)

Impressum / Colophon

Diese Publikation erscheint anlässlich
der Ausstellung / This catalog is published
on the occasion of the exhibition

Benedikt Leonhardt. LUX
LVZ-Kunstpreis 2017
2.12.2017 – 4.2.2018
Museum der bildenden Künste Leipzig

Jury: Katja Blomberg, Friedhelm Haak, Johan Holten,
Gregor Jansen, Hans-Werner Schmidt

Ausstellung / Exhibition

Projektleitung / Project Direction:
Luisa Senkowsky,
Museum der bildenden Künste Leipzig
Anne-Kathrin Sturm,
Leipziger Volkszeitung

Katalog / Catalog

Herausgeber / Editors: Alfred Weidinger,
Björn Steigert
Konzept / Concept: Kay Bachmann,
Benedikt Leonhardt
Texte / Texts: Jürgen Kleindienst, Christina Natlacen
Übersetzung / Translation: Brian Currid
Gestaltung / Design: Kay Bachmann
Reproduktion und Lithografie / Reproduction
and Lithography: Humme Leipzig
Druck und Bindung / Printing and Binding:
DZA Druckerei zu Altenburg GmbH

Fotonachweis / Credits
(Katalognummer / Catalog number):
Humme Leipzig (1–6, 8–19), Sophia Kesting
(20, 21, 23–47), InGestalt Michael Ehritt (22),
Jens Ziehe (7)

Erschienen im / Published by:
VfmK Verlag für moderne Kunst GmbH
Salmgasse 4a, A-1030 Wien / Vienna
hello@vfmk.org
www.vfmk.org

ISBN: 978-3-903228-39-9
Printed in Germany

VERLAG FÜR MODERNE KUNST

Vertrieb / Distribution
Europa / Europe: LKG, www.lkg-va.de
CH: AVA, www.ava.ch
UK: Cornerhouse Publications,
www.cornerhousepublications.org
USA: D.A.P., www.artbook.com

Die Deutsche Nationalbibliothek verzeichnet
diese Publikation in der Deutschen National-
bibliografie; detaillierte bibliografische Daten
sind im Internet über http://dnb.ddb.de abrufbar.

The German National Library lists this publication
in the German National Bibliography; detailed
bibliographic data is available on the Internet at
http://dnb.ddb.de.

Leipziger Verlags- und Druckereigesellschaft mbH & Co. KG
Peterssteinweg 19, 04107 Leipzig
www.lvz-kunstpreis.de
www.lvz.de

Museum der bildenden Künste Leipzig
Katharinenstr. 10, 04109 Leipzig
www.mdbk.de

Follow us: f ✆ ◉
/MdbKLeipzig
/LVZ.de

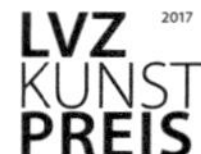

Mein persönlicher Dank für Motivation,
Unterstützung und Rat gilt Anica,
Niels und Sophia. Benedikt Leonhardt